CONFÉRENCE

DONNÉE

DANS L'ÉGLISE DE LA MADELEINE

A PARIS

PAR

S. EM. LE CARDINAL LAVIGERIE

ARCHEVÊQUE DE CARTHAGE ET D'ALGER

SUR LA NÉCESSITÉ DU MAINTIEN

AU POINT DE VUE NATIONAL

d'un Clergé français

DANS L'AFRIQUE DU NORD

PARIS

A L'ŒUVRE DES ÉCOLES D'ORIENT

12, RUE DU REGARD

—

1885

CONFÉRENCE

DONNÉE

DANS L'ÉGLISE DE LA MADELEINE

A PARIS

PAR

S. EM. LE CARDINAL LAVIGERIE

ARCHEVÊQUE DE CARTHAGE ET D'ALGER

SUR LA NÉCESSITÉ DU MAINTIEN

AU POINT DE VUE NATIONAL

d'un Clergé français

DANS L'AFRIQUE DU NORD

PARIS

A L'ŒUVRE DES ÉCOLES D'ORIENT

12, RUE DU REGARD

—

1885

CONFÉRENCE

DE S. EM. LE CARDINAL LAVIGERIE

SUR LA NÉCESSITÉ

DU MAINTIEN D'UN CLERGÉ FRANÇAIS

Dans l'Afrique du Nord

MES TRÈS CHERS FRÈRES,

Ne vous attendez point à un discours.

On oublie aisément dans nos missions lointaines les secrets de l'éloquence ; les saurais-je encore, je ne voudrais point m'en servir. Où trouver des paroles plus éloquentes que le spectacle qui frappe vos regards ? Un vieil Évêque, obligé, après tant d'années de travaux, de défendre, auprès de sa patrie, des œuvres consacrées à la servir ; un Cardinal forcé de tendre la main, plus à plaindre en un sens, sous sa pourpre, que le pauvre avec les haillons de son indigence. Mieux que tous les discours, ce spectacle vous montre l'extrémité où nous sommes réduits.

Nous avons d'abord souffert en silence. Comment nous plaindre, en présence des Musulmans de l'Algérie ? Comment des fils peuvent-ils dévoiler aux étrangers, qui les ignorent, les erreurs ou les fautes d'une mère ?

Mais s'il est un temps de se taire, il est un temps de parler ; or, maintenant, se taire serait trahir la cause même que notre silence voulait d'abord défendre,

Jusqu'ici nous n'avions reçu que des blessures partielles. Aujourd'hui tout est atteint à la fois. Notre mort est assurée. Vous savez quels crédits viennent de nous être retranchés sur le budget de l'État. S'ils ne sont pas rétablis, ou si nous ne trouvons, pour y suppléer, des ressources nouvelles, c'en est fait, dans un prochain avenir, de l'existence d'un clergé national dans l'Afrique du Nord. Désormais, aucun prêtre français ne pourra plus être formé pour notre colonie.

Comment accepter en silence de semblables conséquences? Évêque, je n'ai pu me résigner à voir détruire ainsi l'Église dont je suis le pasteur; Français, je n'ai pu laisser porter un coup si funeste aux intérêts et à l'honneur de la France. J'étais, lorsque ces menaces parvenaient jusqu'à nous, étendu sur un lit de souffrances qui semblait, un moment, devoir être mon lit de mort. Ma résolution fut prise sur l'heure. La tendresse filiale de ceux qui m'entourent me détournait, il est vrai, d'affronter ces épreuves nouvelles. Ils me représentaient qu'à mon âge, affaibli par la maladie, je tomberais bientôt épuisé sur vos grands chemins. Mais qu'importe que je tombe, pourvu que je remplisse mon devoir? J'aime mieux encore, comme je l'écrivais alors, mourir de fatigue, s'il le faut, que de mourir de honte, le jour où par ma faiblesse je laisserais détruire, dans notre Afrique, le clergé de la mère patrie.

Me voici donc, pour vous entretenir des maux auxquels, après tant de services rendus, nous ne devions pas nous attendre.

Ailleurs, devant d'autres auditoires, j'ai fait appel

à la charité des chrétiens fidèles, je leur ai décrit nos douleurs, les dangers que court la religion, mes angoisses paternelles, la situation faite à nos Églises, malgré les engagements pris envers elles. C'était le Pasteur, le Père, qui implorait pour ses fils, prêtres et fidèles, la pitié de leurs frères. Devant vous, aujourd'hui, c'est moins aux chrétiens qu'aux Français que je m'adresse. Je veux surtout leur montrer les conséquences, au point de vue des intérêts de la France, de la suppression d'un clergé national dans l'Afrique du Nord.

J'aborde des questions délicates, je le sais. Ne cherchez pas toutefois dans mes paroles ce qui ne s'y trouvera point. Je n'ai jamais mêlé jusqu'ici mon ministère aux passions de la politique; je ne commencerai pas aujourd'hui. Je saurai contenir l'amertume qui remplit mon âme, et, en pardonnant, comme je le fais, à ceux mêmes qui nous poursuivent de leur haine, rester, pour défendre la cause de Dieu et celle de la patrie, dans les hauteurs sereines où résident la justice et la vérité.

I

Pour ne rien omettre et pour être clair, dans un sujet, si grave, j'examinerai les conséquences pratiques, pour notre influence nationale, de la suppression d'un Clergé français dans l'Afrique du Nord :

Au point de vue de nos populations musulmanes;

Au point de vue des étrangers qui peuplent notre colonie;

Au point de vue de nos colons français;

Enfin, au point de vue des nations européennes qui se disputent en ce moment l'empire de l'Afrique intérieure.

Supprimer le Clergé français dans notre Afrique en rendant, comme on le fait, son recrutement impossible, c'est faire, dans un prochain avenir, acte d'athéisme officiel. Au point de vue des populations musulmanes qui nous entourent, rien n'est plus grave.

Je ne veux point parler, en ce moment, de l'assimilation des indigènes et de la part décisive que le Clergé peut y prendre. Il y faudrait tout un discours. Vous savez d'ailleurs, à cet égard, quelles sont mes pensées : j'estime, avec tous ceux qui connaissent notre Afrique, que notre domination y sera précaire, tant que les Arabes resteront ce qu'ils sont aujourd'hui. J'estime aussi que pour les amener à nous, il faut éviter les imprudences du zèle même le plus pur, et que c'est de la charité, de l'éducation, de l'exemple, du temps surtout, qu'il faut attendre le retour de ces populations qui furent chrétiennes, en partie,et que la force seule a courbées sous le joug de l'Islam. Ce que je veux faire ressortir uniquement, dans l'ordre d'idées qui m'occupe, c'est le danger de manifestations impies en présence d'un peuple dont la religion est encore la passion vivante.

Vous vous tromperiez gravement si vous jugiez

nos indigènes d'après nos sociétés sceptiques ou démoralisées. Leur foi est fausse, sans doute, mais depuis l'Océan jusqu'à la mer Rouge, on ne trouvera pas, parmi elles, un seul homme qui ne se fasse gloire de croire en Dieu et de le servir. « Vous nous surpassez en tout, disent-ils avec orgueil : par la puissance de vos armes, par la tactique de vos généraux, par l'habileté de vos industries; mais nous sommes au-dessus de vous par la connaissance et le respect de Dieu. » Et leur conclusion est que, puisqu'ils servent Dieu, Dieu se réserve de nous livrer un jour entre leurs mains.

C'est du fanatisme, me direz-vous. Je le veux bien; mais ce fanatisme est une force avec laquelle une politique sage doit compter.

Si vous en doutez, portez vos regards sur le Soudan égyptien. Qu'ont pour elles ces hordes mêlées d'Arabes et de nègres qui triomphent, en ce moment, d'armées régulières et les forcent à se retirer devant elles, créant ainsi, par l'exaltation même d'un premier triomphe, un péril, plus prochain qu'on ne pense, pour les régions qui les entourent? C'est à peine si sur vingt de ces combattants un seul a d'autres armes que des pierres ou des bâtons. Mais s'ils n'ont pas de poudre, ils ont la foi. Leur faux prophète les assure de la victoire contre les ennemis de Dieu. Il suffit. La foi les précipite : les premiers tombent sans doute, mais ceux qui tombent sont remplacés, sans fin, et nous voyons un grand peuple désespérer de vaincre les troupes indisciplinées du Mahdi.

Nous avions fait une semblable expérience au

début de notre conquête. L'esprit de ce temps, comme celui du nôtre, hélas! bannissait de nos camps, de nos premières colonies, toute manifestation religieuse. Les Arabes nous ont crus ainsi, pendant huit années, un peuple sans foi, sans prière, sans culte, sans Dieu. Leur confiance dans leur cause s'en augmentait. Même lorsqu'ils subissaient la force de nos armes, ils nous couvraient de leur mépris. Nous l'apprîmes le jour où Abd-el-Kader, ce marabout de génie en qui s'incarnaient leurs passions religieuses, sollicité de traiter avec nos généraux, répondit fièrement du fond de ses montagnes : « Comment traiter avec des hommes qui n'ont point de Dieu? — Quand on n'a pas de Dieu, on n'a pas de conscience, et quand on n'a pas de conscience on ne tient pas un traité ! »

C'est cette parole d'un barbare qui décida les gouvernants d'alors à donner un clergé catholique à notre colonie, et à créer l'Évêché d'Alger. L'impiété dût céder devant la raison d'État.

Mais si l'on crut alors périlleux l'athéisme pratique de la France, le serait-il moins aujourd'hui?

Alors notre occupation se bornait à quelques forteresses faciles à défendre. Aujourd'hui, nous devons garder quatre cents lieues de côtes et nous allons jusqu'au centre du désert. Avons-nous intérêt à donner aux indigènes une arme nouvelle contre nous?

Je suppose cependant que les mesures prises ne soient pas rapportées, que le Clergé français privé des ressources nécessaires soit obligé, comme il le sera, car on ne peut le contraindre à demander son pain à des colons qui ont plus besoin de secours qu'ils n'en peuvent donner eux-mêmes, je suppose qu'il soit obligé d'abandonner l'Algérie. Je suppose que, bientôt, on voie les évêques, les prêtres, les religieux, les sœurs de charité de l'Afrique du Nord, secouant tristement la poussière de leurs pieds, s'embarquer dans les ports d'Oran, d'Alger, de Bône, de Carthage; qu'ainsi tout signe du culte de la France disparaisse en un même jour. Que penseront les indigènes? Que diront-ils, dans nos villes, sur leurs montagnes, au fond de leurs déserts? Car tout devient chez eux, sous la tente, l'objet de commentaires contre nous.

Ce qu'ils diront? que nous avons repoussé Dieu, et que Dieu en retour va bientôt nous livrer à eux, et ils attendront avec une confiance nouvelle ce mystérieux « Maître de l'heure » que le Prophète doit envoyer pour nous jeter à la mer. Est-ce le moment de réveiller ces espérances? N'est-ce pas assez dès bruits qui leur arrivent et des sourdes manœuvres qui les excitent à se soulever, au jour où l'Europe sera de nouveau divisée?

Tel est donc l'effet certain de l'abolition en Algérie du sacerdoce et du culte de la France : la surexcitation des espérances et du fanatisme des indigènes.

Après le fanatisme des musulmans, l'antagonisme des étrangers.

De ce côté, les conséquences ne sont pas moins graves. Les étrangers sont plus nombreux aujourd'hui en Algérie, en Tunisie que les Français mêmes. En Tunisie, les Italiens et les Anglo-Maltais constituent la population européenne presque tout entière. C'est à peine si une poignée de colons français se trouve comme perdue parmi eux. En Algérie, la province d'Oran est envahie par les Espagnols. Les colons venus des Baléares, de la Sardaigne, de la Sicile, de Malte, de l'Italie sont partout mêlés à la population des provinces de Constantine et d'Alger.

Au lieu de diminuer, leur nombre augmente chaque jour, et il est naturel qu'il en soit ainsi, car l'Espagne, l'Italie, les îles de la Méditerranée sont plus rapprochées de l'Afrique que la France.

Je serai sincère : il faut s'en réjouir. Sans ces étrangers, une partie des terres de la colonisation resterait sans culture. D'ailleurs, nés sous un climat semblable, habitués à son sol et à son soleil, laborieux, sobres, économes, vraiment religieux pour la plupart, ils nous servent à la fois par le travail et par l'exemple. Mais s'ils nous servent par leurs qualités, leur nombre devient un péril. Le jour où leur patrie d'origine se trouverait en lutte avec la France, sur quelque champ de bataille, où seraient leurs sympathies, et si quelque ambition jalouse portait alors ses vues sur notre colonie, quelles complications n'en pourraient pas résulter ?

Il suffit d'indiquer cette pensée.

Or, le seul correctif possible au nombre croissant des étrangers c'est un clergé national dans nos paroisses. Au fond, l'autorité de nos gouverneurs, de nos préfets, de nos généraux semble toujours aux Espagnols, aux Italiens, aux Maltais plus ou moins étrangère. L'autorité nationale est pour eux dans leurs consuls. Mais il n'en est pas ainsi du clergé. Nos prêtres sont les ministres d'une religion qui est celle de leur patrie, d'une Église qui est la leur, et comme ils sont naturellement religieux, plus religieux que nous, pour la plupart, l'autorité du Clergé est pour eux considérable.

Notre Clergé français est donc entouré de leur respect et, sans même qu'il le cherche, car il reste étranger aux pensées de la politique; son ministère, en s'exerçant au profit des âmes, s'exerce aussi au profit de la France. C'est dans notre langue qu'il enseigne aux enfants les vérités de la religion; c'est elle dont il se sert dans ses rapports avec les fidèles. Il use, comme il le doit, de son ascendant pour calmer les irritations ou les colères; pour maintenir les populations dans l'obéissance et le devoir. Dans un jour de péril, il saurait opposer sa parole, sa poitrine même, comme il l'a fait quelquefois, à des tentatives désordonnées.

Mais que le Clergé français disparaisse. Non seulement les services ainsi rendus cessent avec lui, la porte s'ouvre à des influences contraires. Les Espagnols, les Italiens, les Maltais, attachés comme ils le sont à leur foi, ne se passeront pas de prêtres. On pourra chasser les prêtres français; on ne pourra pas empêcher ces colonies nombreuses de faire venir les prêtres de leur pays; on pourra fermer les églises, on ne pourra pas empêcher que ces prêtres venus du dehors ne tiennent leurs assemblées dans l'intérieur des maisons, et l'absence de tout contrôle, l'irritation causée par les obstacles mêmes ne rendront leur influence que plus redoutable.

A leur point de vue, comment les blâmer? Nous honorons le patriotisme dans les prêtres de la France, pourrions-nous le condamner dans les prêtres de l'Espagne ou de l'Italie? Les souvenirs du sol natal leur doivent-ils être moins chers; ses traditions moins sacrées; le dévouement pour lui moins méritoire? Ce qu'il faut donc, c'est garder nos prêtres. Si nous n'avons pas cette sagesse, c'est nous, nous-mêmes qui, à l'opposition naturelle, aux susceptibilités, aux jalousies des étrangers qui peuplent l'Algérie, aurons ajouté un péril nouveau.

Est-ce là ce que veulent ceux qui ont décrété la suppression, dans un prochain avenir, de tout Clergé national dans notre Afrique, en rendant dès maintenant son recrutement impossible?

Mais pendant qu'on refuse les subventions nécessaires au maintien du Clergé national de notre Afrique, les nations étrangères subventionnent déjà quelques-uns de leurs prêtres, parmi nous.

En Tunisie, des prêtres italiens et maltais reçoivent des rétributions de l'Angleterre et de l'Italie. Or, on sait quelles sont les relations de ces puissances avec l'Église. L'Espagne fait de même. Elle reconnaît officiellement à Alger un établissement de ses missionnaires et elle s'est montrée jalouse de le maintenir, même durant les années où elle supprimait le traitement du clergé sur son propre sol.

C'est que toutes les nations, même protestantes, comprennent la nécessité d'un Clergé national pour rattacher les populations coloniales à la mère patrie. Ce n'est là ni une question de Concordat, ni une question de rapports entre l'État et l'Église, ni une question religieuse, c'est une nécessité coloniale à laquelle on ne se soustrait pas, et voilà pourquoi, comme on l'a remarqué si souvent, la Convention elle-même, au moment où elle dressait l'échafaud pour les prêtres de France, continuait à les subventionner et à les maintenir dans toutes les échelles de la Méditerranée.

Nous seuls commençons, aujourd'hui, une exception lamentable. Dieu veuille que cette expérience ne soit pas un jour chèrement payée !

Un troisième effet de la suppression du Clergé national, parmi nous, c'est de nuire au développement même de la colonie.

La préoccupation d'un grand nombre de nos colons français et de ceux qui nous sont le plus utiles, je veux dire de ceux qui nous viennent des campagnes et dont les familles sont le plus nombreuses, est de savoir, avant de quitter le sol natal, s'ils trouveront parmi nous, sinon toujours pour eux, du moins pour leurs enfants, les instructions et les secours de la religion. Ils ne consentiraient pas, pour la plupart, sans cette assurance, à se rendre dans un pays nouveau.

Les pouvoirs publics ont si bien reconnu la nécessité de donner satisfaction à ces exigences, que l'État a pris directement à sa charge, dès l'origine, tous les frais du culte laissés ailleurs à celle des fidèles ou des communes. Il a, au moment de la création de l'évêché d'Alger, inscrit à ses budgets les crédits destinés à la construction et à l'ameublement des églises, aux édifices diocésains, aux séminaires, enfin, le traitement des ministres

sacrés, et ce traitement est calculé, à cause des
dépenses plus considérables et de l'absence de
tout casuel, dans la plupart de nos paroisses,
au double de ce qu'il est dans la mère patrie.

L'engagement de pourvoir à ce service religieux
n'est pas seulement inscrit dans nos budgets, depuis près d'un demi-siècle; il est dans les lois,
dans les décrets, dans les règlements d'adminis-
tration relatifs à la colonie.

Il y a donc là, d'abord, une question de justice
vis-à-vis des colons qui sont en droit de demander
à l'État l'exécution des obligations solennelles en
vertu desquelles ils sont venus se fixer dans la
colonie; mais il y a de plus une question de li-
berté, de conscience, d'humanité.

Combien de fois ai-je entendu des familles de
colons me raconter avec larmes qu'un de leurs
membres était mort, sollicitant vainement à sa dernière heure les secours d'un prêtre! combien de
fois les ai-je vues me montrer, en pleurant, la place
où elles avaient dû l'enfouir sans les prières de
l'Église, maudissant le jour où elles avaient quitté
la maison natale, sur la foi d'espérances qui ne
s'étaient pas réalisées! Combien de fois ne m'a-t-on
pas réclamé des prêtres, des églises dans des centres déjà considérables et cependant privés de tout
culte religieux! Que pouvais-je répondre à ces
réclamations et à ces plaintes, sinon qu'il ne
dépendait pas de moi de forcer l'État à tenir
ses promesses, et que c'était à lui qu'il fallait
recourir.

Et maintenant, qu'auront-ils pensé en voyant
la réponse que vient de leur donner l'État? Que

penseront ceux qui voulaient se rendre dans notre colonie? Avons-nous donc trop de Français dans nos possessions africaines, pour que nous devions décourager ceux qui voudraient se joindre à nous? L'insuffisance de leur nombre est, au contraire, notre plus grand péril. Jusqu'au jour où, par des masses compactes, ils pourront défier l'insurrection musulmane, tenir en respect les étrangers, aujourd'hui plus nombreux qu'eux-mêmes, rien ne sera définitivement fondé sur notre sol. Nous serons à la merci des plus lamentables aventures. Mais le Français ne se décide qu'à regret à quitter le sol natal; il ne s'en arrache que lorsqu'il y est contraint par les nécessités de la vie. Et voilà pourquoi, après tant d'années de sacrifices, de souffrances, notre Afrique a moins de colons français, qu'il n'y est mort, pour la conquérir et la garder, de soldats sur nos champs de bataille ou dans nos hôpitaux. L'heure est-elle venue d'arrêter le mouvement qui s'accentue enfin, en inquiétant ou en désolant la foi de ceux qui veulent venir ou qui sont déjà parmi nous?

N'y eût-il dans notre colonie qu'une seule famille qui réclamât le maintien de son culte, c'est une faute que de le lui refuser après le lui avoir promis. N'y en eût-il qu'une seule dont la suppression du Clergé français empêcherait la venue, c'est une faute que de préparer cette suppression.

Enfin, il est une dernière conséquence, dont je dirai du moins un mot.

Il a semblé au clergé de l'Algérie que notre première conquête n'était qu'une porte ouverte pour des conquêtes plus vastes. Au delà du territoire occupé par nos troupes s'étend un immense continent avec ses contrées longtemps inconnues, sa barbarie, les maux affreux de son esclavage, tout ce qui peut, en un mot, séduire le cœur d'un apôtre. Des destinées nouvelles se préparent pour l'Afrique. De tous côtés, par leurs explorateurs, par leur commerce, par leurs armes, les nations civilisées en font le siège et bientôt vont la conquérir.

La France officielle, il est vrai, ne pouvait s'étendre sans mesure et franchir le territoire occupé par ses troupes. Mais son clergé entendait un appel plus haut. Il s'enfonçait bientôt dans les profondeurs du désert et, de proche en proche, parvenait aux Grands-Lacs et s'établissait aux sources fameuses du Nil et du Congo. Il y est encore, représentant seul notre patrie dans ces régions lointaines, et la représentant sous les traits les plus propres à gagner les cœurs : par l'exercice de la charité, par le dévouement, par le courage.

Combien de mes missionnaires ont déjà payé de leur vie ces nobles entreprises! Les uns tombant, comme les martyrs des anciens jours, sous les coups des barbares auxquels ils allaient porter la paix; les autres succombant aux fatigues, à la fièvre, aux ardeurs d'un climat qui dévore. Tous, comme l'écrivaient les premiers d'entre eux, gardant jusqu'à la fin avec le culte de Dieu le culte de la France. Écoutez ces paroles, M. T. C. F., elles ont été tracées par un martyr : « Nous sommes les premiers Français qui, envoyés par notre Évêque, Français comme nous, allons porter la langue et l'influence de la France dans les profondeurs africaines. D'autres nous suivront un jour, et cette route pacifique que nous allons tracer, où peut-être nous laisserons nos tombes, sera poursuivie par les conquérants pacifiques de notre France. Nous lui sacrifions aussi par avance tout ce qui nous est cher et nos *vies mêmes*. Si nous y périssons, qu'elle se souvienne seulement que dix de ses enfants, de ses Prêtres, sont morts obscurément, en pensant à elle et en l'aimant jusqu'à la fin. »

Les fruits d'un tel héroïsme se sont déjà produits. Il y a quelques années, le souverain le plus puissant de l'intérieur équatorial, Mtésa, ce roi de l'Ouganda que Stanley nous a fait connaître, demandait aux missionnaires d'Alger le protectorat de la France. Ils ont, je le sais, fidèlement transmis sa demande, et il n'a pas tenu à eux que nous n'eussions, dès lors, eu dans l'Afrique équatoriale, avant l'empire allemand qui se prépare et l'empire belge déjà fondé, un empire plus sûr et plus grand encore.

Et maintenant, car c'est là qu'il en faut toujours revenir, ces œuvres sont aussi menacées. Nos Missionnaires sortent, en effet, en partie, de ces mêmes Séminaires que l'on va détruire. Tous les peuples, à défaut de la France, seraient heureux d'en prendre la charge. La proposition nous en a été faite. Un des souverains de l'Europe nous a demandé de subventionner l'une de nos fondations, à la seule condition que son drapeau flotterait sur elle. Nous avons répondu que la croix est le seul drapeau des apôtres, et pour des Français, à côté de la croix, celui de la France, leur patrie !

A une fidélité si constante la France répond maintenant en supprimant les ressources de nos Séminaires !

Je me résume :

Tout se trouve atteint par les coups qui nous sont portés : et notre prestige auprès des Musulmans ; et notre action sur les étrangers, et le développement de la colonisation française, et notre influence dans les pays nouveaux dont le monde civilisé se dispute la possession.

Ces erreurs seront-elles un jour réparées ? Pour que vous puissiez vous rendre compte des réparations nécessaires, voyons dans le détail ce qui a été fait contre nous.

II

Les Diocèses de France ressentent tous, en ce moment, les effets de la guerre sans merci que la libre-pensée déclare à l'Église. Sous prétexte de Concordat, on leur enlève successivement leurs ressources les plus nécessaires. Mais, par une sorte de privilège, les Diocèses de l'Algérie reçoivent des atteintes plus graves encore.

Pour ne parler ici que de celui d'Alger, sur moins de huit cent mille francs qui lui étaient affectés par l'État, pour l'ensemble de ses œuvres religieuses, je veux dire pour la construction de ses établissements diocésains, pour celle des églises, pour l'entretien des œuvres charitables, pour les traitements du Clergé, pour les bourses des séminaires, on lui a, durant ces dernières années, enlevé soit sur le budget de l'Algérie, soit sur celui des Cultes, la somme annuelle de **cinq cent soixante-dix-huit mille francs** (1)!

Tout devait conseiller cependant de faire une exception en notre faveur : d'une part l'intérêt de la France, comme je l'ai montré dans la première partie de cette Conférence, de l'autre l'impossibilité de trouver des ressources en Algérie.

En France, M. T. C. F., votre charité vient en aide aux œuvres chrétiennes lorsqu'elles sont dépouillées ; mais la pauvreté de nos fidèles ne leur permet de rien faire pour nous. On ne s'expatrie pas lorsqu'on est riche ; on ne quitte le sol natal que lorsqu'on n'y peut pourvoir aux nécessités de la vie. Aussi l'État, pour commencer notre colonie, a-t-il été obligé de tout donner aux colons : les terres qu'ils cultivent ; les maisons qu'ils habitent ; l'eau des fontaines ; les chemins, les édifices communaux. Il fournit encore, à l'heure présente, aux départements et aux communes les fonds de leurs budgets. Il rétribue des fonctions

---

(1) Voici le détail de ces retranchements successifs :

Sur le budget de l'Algérie : Orphelinats diocésains	75 000 fr.
— Création des villages des pupilles de ces orphelinats	75 000
Sur le même budget : Construction d'églises paroissiales . .	150 000
Sur le budget des cultes : Pour les édifices diocésains, réduction de 263 000 à 90 000 fr., soit un retranchement de . . .	173 000
Sur le même budget : Subvention aux séminaires	90 000
— Retranchement au traitement de l'Archevêque	15 000
Total . . .	578 000 fr.

électives toujours gratuites dans la mère patrie. Il exempte les habitants de l'impôt. Comment penser que, par une exception unique, les fidèles pourront se substituer à l'État pour subvenir aux frais de leur culte?

Et quels sont les prétextes mis en avant pour infliger un tel traitement au Clergé d'Algérie?

On ne pouvait, comme ailleurs on l'a fait sans preuves, nous accuser de prendre part à de sourdes menées. Il n'y a pas de Clergé plus étranger aux questions de partis. Il n'y en a pas de plus attaché à ses devoirs. Se conformant aux règles de l'Église, il respecte les pouvoirs établis et suit partout, au dehors, le drapeau de la France, sans même se préoccuper des mains qui le portent. Il est prêt à tous les sacrifices. Il les a tous acceptés. En venant sur la terre d'Afrique, ses membres savent d'avance qu'ils renoncent à de longues années de vie. J'en ai fait le calcul : sur plus de quatre cents ecclésiastiques, séminaristes ou prêtres, inscrits au catalogue de mon Diocèse, neuf ont seuls dépassé l'âge de soixante ans. Qu'est-ce à dire, sinon que tout le reste meurt avant l'heure, brisé par les fatigues, par les maladies, par le climat, par des contradictions souvent acerbes. Quand elles viennent du dehors, elles ont déjà leur amertume. Comment les supporter, lorsque c'est de la France elle-même qu'elles nous arrivent, en retour de notre dévouement et de notre amour?

Mais laissons ces plaintes; elles ne regardent que nous, et c'est peu dès lors. Entrons dans l'énumération des ruines déjà préparées. Seule, elle pourra bien vous faire comprendre comment nos institutions diocésaines, même les plus nécessaires, sont atteintes, et comment le reste va bientôt périr.

On a commencé par les églises. L'État s'était, comme je l'ai dit, engagé à les construire ; mais, même lorsqu'il maintenait ses engagements, il était loin de pourvoir à tout. Quand je suis entré dans mon Diocèse, il y a bientôt vingt années, sur près de cent paroisses régulièrement établies, vingt-deux seulement avaient des temples dignes de ce nom ; dans les autres, et jusqu'au sein des villes, le culte se célébrait, comme on pouvait, dans les granges, dans les maisons de colons, dans des réduits en planches.

Nous prenions patience, néanmoins, pensant que tout ne pouvait se faire en un jour. Mais aujourd'hui, on nous déclare que tout crédit ayant ce but est supprimé désormais. Donc plus d'églises à espérer pour les centres qui en manquent encore, ni dans le présent ni dans l'avenir !

J'en dis autant de nos Édifices diocésains. Tout n'a pas été enlevé du premier coup, il est vrai, mais tout a été tellement réduit que les constructions commencées sont interrompues et que d'autres, qui sont terminées, menacent de tomber sur nos têtes.

A Alger, la chapelle du séminaire de Saint-Eugène reste inachevée, subissant nos intempéries africaines, sans protection, sans toiture, offrant l'aspect d'une ruine informe, avant même d'être finie. Notre Cathédrale est un danger constant pour la sécurité publique. Deux inspecteurs généraux de l'État l'ont officiellement déclaré. Ses fondations sont ébranlées, sa voûte est lézardée d'un mur à l'autre. Au premier tremblement de terre, tout peut céder et écraser la population dans sa chute. On le reconnaît, mais, par suite des retranchements de crédits, on est réduit à l'impuissance.

A toute rigueur, il est vrai, les édifices peuvent manquer, sans que la religion disparaisse. On l'a vu autrefois dans les catacombes et on le voit encore dans les Missions sauvages. Mais lorsqu'il n'y a plus de prêtre pour monter à l'autel, pour donner aux fidèles les secours de son ministère, comment continuer le culte de Dieu? Et c'est où l'on va nous réduire. D'un seul trait de plume, on retranche tous les crédits qui étaient accordés à nos Séminaires. En réalité, c'est fermer ces maisons et rendre le recrutement du Clergé impossible. Désormais, si nous ne trouvons point de ressources étrangères, nous ne pourrons plus continuer la formation d'un Clergé national.

Je l'ai dit ailleurs (1) : depuis l'origine de la conquête jusqu'à ce jour, pas un prêtre français, élevé en Algérie, n'a pu l'être autrement que par les bourses de l'État. Comment les familles de colons pauvres pourraient-elles faire les frais de l'éducation de leurs fils, surtout les frais d'une éducation prolongée, comme celle du Sacerdoce ? A cet égard, nul doute n'est possible : aucun cas ne s'est présenté, depuis plus de cinquante

____

(1) *Lettre à la Commission du budget au Sénat.*

ans, où la famille d'un grand séminariste français, se destinant au Sacerdoce en Algérie, ait pu payer sa pension.

En France, bon nombre de jeunes clercs sont dans des conditions semblables. Mais, du moins, trouvent-ils autour d'eux, dans la charité des Fidèles, le moyen de pourvoir aux frais de leur séminaire. Ici, nous sommes dans un pays qui se forme. Les besoins de chaque jour y absorbent les ressources de tous. En dehors des bourses de l'État, nous ne pouvons rien espérer.

Donc, nous sommes obligés de renoncer à la formation du Clergé national pour l'Algérie, puisque les bourses sont supprimées, et on ne trouvera plus, dans un avenir prochain, je le répète, un seul prêtre français dans l'Afrique du Nord.

L'annonce de la suppression de ces crédits a donc été pour nous celle d'une irrémédiable catastrophe. Si la formation d'un Clergé national est ainsi rendue impossible, tout doit disparaître bientôt, et l'aumônerie militaire, déjà si durement traitée dans un pays où, à cause de l'énormité des distances, tout, même le texte des lois, demandait une exception formelle, et les Pasteurs des paroisses, et les Missionnaires, et les œuvres de charité, et toutes les institutions qui ne peuvent se passer du prêtre.

Vous comprendrez le sentiment qui m'empêche de parler du traitement des Évêques de l'Algérie et de la Tunisie, réduits à ne pouvoir plus porter les charges multiples qui pèsent sur eux, mais comment oublier nos écoles diocésaines et ce qui est déjà fait contre elles?

Dans nos villes, dans bon nombre de nos villages, les Frères et les Sœurs sont privés par les communes, qui s'empressent d'imiter l'État, des subventions qui leur étaient assurées depuis, la conquête. On les a chassés violemment, au grand scandale des musulmans qui les entourent, comme ils nous entourent nous-mêmes, Évêques et Prêtres, de leur reconnaissance et de leur respect. C'était déjà trop qu'un tel résultat ! Mais on blessait d'une manière plus directe encore les colons étrangers. Ils sont catholiques, et ils veulent dès lors, pour leurs enfants, une éducation religieuse. Mais, d'une part, ils n'ont point de droits politiques dans la colonie, — ces droits appartiennent aux seuls français, — et ils ne peuvent, dans les conseils élus, faire dès lors prévaloir leurs préférences, et, d'autre part, puisqu'ils sont étrangers, aucune obligation d'enseignement ne peut leur être imposée. Au fond, si on leur refuse les écoles qui leur conviennent, c'est la France seule qui doit y perdre. Ils envoyaient librement leurs enfants dans nos écoles religieuses; ils ne veulent point d'écoles athées et si nos Sœurs et nos Frères disparaissent, les fils d'un grand nombre de nos Espagnols et de nos Maltais n'apprendront plus notre langue. Or, apprendre la langue d'un peuple, c'est se préparer à lui appartenir. La langue est le véhicule le plus puissant des sentiments et des idées. Mettre volontairement un obstacle en Algérie à ce que les étrangers la fassent apprendre à leurs enfants, c'est donc faire un acte de lèse-patrie.

Nous avons, mes Prêtres et moi, pensé que la

France ne devait point souffrir des passions de quelques-uns, car nos œuvres n'ont d'autres ennemis que les athées, et, pour conserver aux étrangers les écoles qui leur sont chères, nous n'avons reculé devant aucun sacrifice. Les Sœurs n'avaient plus d'asile; j'ai vu, dans les premiers temps de ces tristes persécutions, plusieurs de mes curés abandonner leurs presbytères pour y mettre ces religieuses, se contentant pour eux-mêmes de ce qu'ils pouvaient trouver ailleurs. Les Frères d'Alger avaient été jetés dans la rue. J'ai voulu moi-même les recevoir, et, durant un an, ils ont partagé mon archevêché. J'estime qu'il n'a jamais reçu un plus grand honneur. Il servait alors, plus directement encore, la cause de la France en même temps que celle de Dieu.

Mais nous ne résolvions ainsi qu'une partie du problème. Il fallait vivre. Si je ne craignais de blesser un héroïsme qui se cache avec un soin jaloux, quelles révélations j'aurais à vous faire! Que de privations journalières! que de fois il a fallu souffrir jusqu'à la faim! Il y a quelques semaines, ayant à traiter avec la Supérieure d'une de nos maisons de Sœurs les plus éloignées, je la mandai par lettre auprès de moi. Voici sa réponse : « Nous sommes quatre dans cette maison, et nous n'avons plus que cinq francs. Il me faut le double pour aller à Alger et en revenir. Que Son Éminence daigne m'excuser si je ne puis me rendre à ses ordres. »

Comme je racontais ce trait devant un de mes prêtres, il ajouta : « Vous ne savez pas tout, Monseigneur. Dans une de nos communautés, les sœurs n'ont pu, durant un temps assez long, assister toutes ensemble à la Messe. Elles devaient se diviser parce que, dans leur maison, il n'y avait plus assez de chaussures pour qu'elles pussent sortir toutes à la fois ! »

Voilà où en sont ces nobles femmes ! Mais elles ne se découragent point. Par leurs privations, par leurs misères, elles ont la conscience qu'elles servent la religion, qu'elles servent leur patrie. C'est assez pour les soutenir !

Et maintenant, mes très chers Frères, vous connaissez l'état où nous sommes. Nous ne pensons ni à récriminer ni même à nous plaindre. S'il ne s'agissait que de nous, nous continuerions à nous taire et à pardonner. Mais il s'agit de nos devoirs envers les âmes et de nos devoirs envers la France. Le jour approche où nous ne pourrons plus les remplir, où le Clergé français lui-même, dont le recrutement est arrêté dans son principe, devra disparaître.

C'est là ce qui m'a conduit au milieu de vous.

Sentinelle avancée, j'ai voulu, dans la nuit qui déjà nous entoure, faire entendre le cri d'alarme, avant que la place ne soit tombée.

Ce cri douloureux de mon patriotisme, je voudrais qu'il fût entendu par ceux-là mêmes qui ont voté des mesures si funestes. Ils ne l'ont fait, sans doute, que par erreur. Ils ont cru frapper l'Église seule dans nos personnes, mais, en réalité ils ont surtout frappé la France. Chez nous, je l'ai dit déjà, il n'est question, dans ces querelles, ni de concordat ni de séparation, ni même de culte, il est question de la France elle-même.

C'est une nécessité absolue pour elle dans des colonies qui se forment et où elle n'est représentée que par un petit nombre de ses fils, que celle d'un Clergé national. Or elle ne peut l'avoir que si elle le soutient comme le font, pour leurs colonies, toutes les autres nations, même protestantes.

Une question ainsi posée doit être aisément résolue. Quelles que soient les passions qui nous divisent, je me refuse à croire qu'il se trouve un Français qui ne les sacrifie au bien de la France !

Mais cette espérance ne regarde que l'avenir; les coups déjà portés produisent, en ce moment même, des effets qui, si on n'y porte un remède immédiat, seront irréparables. Quoi qu'il puisse être décidé pour les années suivantes, pour la présente année, les crédits destinés à nos œuvres, à nos séminaires sont supprimés sans retour. Il faut donc tout suspendre, cesser l'apostolat de la charité, renvoyer les jeunes clercs dans leurs familles, fermer les portes de leurs paisibles demeures. Que dis-je? Les dépenses sont engagées déjà, et, bon gré mal gré, il les faut solder, car c'est au milieu d'un exercice que nos crédits sont supprimés ! et, jusqu'à la dernière heure, ceux qui avaient autorité pour nous le dire, nous ont affirmé qu'ils seraient maintenus (1).

____

(1) Voici le texte de la lettre que nous avions adressée aux Pouvoirs Publics avant le vote du budget par le Sénat, et sur le vu de laquelle ces assurances nous avaient été données :

« MESSIEURS,

» A la distance où nous sommes, nous ne recevons que tard le compte

« Votre situation, nous disaient-ils, est toute dif-
férente de celle de la France, les services rendus
évidents, la nécessité absolue. »

Vous savez comment ces promesses ont pu être
tenues.

rendu des discussions parlementaires. Aussi n'est-ce que par le courrier
d'hier que nous avons eu la connaissance complète des votes récents de
la Chambre des députés relativement au service du culte catholique.

» Je croirais manquer à mon devoir, non seulement comme Évêque,
mais encore comme Français, si je ne faisais parvenir à votre commission
les réflexions que me suggèrent les discussions de la Chambre. Elles ne
tendent à rien moins, en effet, qu'à désorganiser absolument le Clergé
français dans l'Afrique du Nord.

» Ne pouvant pas, pressé par le temps comme je le suis, puisque cette
lettre doit partir ce soir même, entrer dans tous les détails que comporte
un si grave et si triste sujet, je me borne à la note succincte qui va suivre.

» Pour plus de clarté, je vais reprendre, une par une, les diverses suppressions encore proposées, cette année, par la Chambre.

» 1° *Bourses des séminaires.* — Elles se trouveraient complètement
supprimées si le Sénat ratifiait le vote de la Chambre,

» Mais cette suppression amènerait par la force des choses, dans un
délai prochain, la disparition complète du Clergé français de l'Afrique.
J'en ai donné autrefois les raisons au gouvernement, et je croyais, après
ses promesses, avoir obtenu auprès de lui gain de cause, tant ces raisons
ont de force.

» Il suffit, disais-je, de savoir que, depuis l'origine de la conquête jus-
» qu'à ce jour, pas un prêtre français élevé en Algérie n'a pu l'être autre-
» ment que par les bourses de l'État.

» On ne vient point de France en Algérie lorsqu'on est riche, on n'y
» vient que lorsque les nécessités de la vie imposent ce sacrifice, le plus
» dur à notre caractère national, celui d'abandonner le sol natal. Pour
» décider les familles françaises à se fixer dans la colonie, l'État a dû
» longtemps tout donner : les débours des voyages, les terres, les secours
» pour l'installation, les routes, l'eau des fontaines et tout ce qu'on laisse
» ailleurs à la charge des communes et à celle des individus.

» Comment les familles qui ont besoin de tels secours pourraient-elles
» faire les frais de l'éducation de leurs fils, surtout les frais d'une édu-
» cation prolongée, comme celle du sacerdoce ?

» A cet égard, nul doute n'est possible : *aucun cas ne s'est présenté,*
» *depuis plus de cinquante ans, où la famille d'un grand séminariste*
» *français se destinant au sacerdoce en Algérie ait payé sa pension.*

» Je sais qu'en France bon nombre de jeunes clercs sont dans des
» conditions semblables. Mais, du moins, trouvent-ils autour d'eux, dans
» la charité des fidèles, le moyen de pourvoir aux frais de leur éducation.
» Ici, nous sommes dans un pays qui se forme. Les besoins de chaque

Nous n'avons donc plus, M. T. C. F., d'autre ressource, pour le moment présent, que la charité des chrétiens de la mère patrie. Et voilà pour-

» jour absorbent les ressources de tous. En dehors des bourses de l'État, » nous ne pouvons rien espérer.

» Donc, nous serons obligés de renoncer à la formation d'un Clergé » national pour l'Algérie, si ces bourses sont supprimées, et on ne trou- » vera plus, dans un avenir prochain, je le dis encore une fois, un seul » prêtre français dans l'Afrique du Nord pour y exercer le ministère » ecclésiastique.

» La Chambre des députés, en votant la suppression des bourses de » nos séminaires algériens en même temps que celles des séminaires de » la mère patrie, a-t-elle prévu cette conséquence ? »

» Quel que puisse donc être le sort réservé aux bourses des séminaires de France, je demande instamment que, sur le chapitre des séminaires, le crédit destiné à l'Algérie soit maintenu intégralement. Il est actuellement de 80,000 francs seulement pour les trois diocèses ; et il faut ajouter que ce sont les diocèses algériens qui fournissent, pour le moment à la Tunisie, le Clergé national indispensable pour y maintenir notre influence.

» 2° *Suppression de titres ecclésiastiques.* — L'État s'est engagé solennellement à assurer l'exercice du culte dans tous les centres de colonisation de l'Algérie. Comme je l'ai dit ci-dessus, il y donne d'ailleurs tout aux colons.

» Malgré cette promesse et depuis six années, rien ne se fait pour les centres nouveaux, et actuellement, malgré des réclamations sans cesse renouvelées, plus de la moitié des centres existants manque de tout service religieux régulier. On y supplée comme on peut, au moyen de prêtres auxiliaires.

» Mais, dans de telles conditions, peut-on songer à des suppressions de titres, alors que, pour trouver les paroisses les plus voisines, certains colons sont obligés de faire 15, 20 et 30 kilomètres ?

» 3° *Aumônerie militaire.* — Cet article se trouve inscrit au budget de la guerre, mais il ne m'en intéresse pas moins, particulièrement au point de vue de la Tunisie.

» *Il n'y a absolument aucun prêtre français dans la Régence qui reçoive ou puisse recevoir un traitement régulier de la part de l'État autrement qu'au titre de l'aumônerie militaire.*

» C'est ainsi que jusqu'à ce moment on a pu, tant bien que mal, assurer le service établi.

» D'ailleurs, la Tunisie n'a aucune paroisse française régulièrement constituée, et par conséquent il est impossible d'appliquer, dans le nouveau diocèse de Carthage, la disposition, proposée à la Chambre et acceptée par elle, de faire desservir les hôpitaux militaires par des prêtres attachés aux paroisses. La paroisse de France la plus voisine est celle de Marseille. En Algérie, il faut aller jusqu'à Bône ou Souk-Ahras.

quoi je viens vers eux et je leur tends la main !
Je vais donc descendre de cette chaire, et par-
courir vos rangs en vous répétant les paroles que

» Il est donc impossible d'accepter la diminution proposée sur l'aumônerie militaire en ce qui nous concerne, et le chiffre porté l'année dernière au budget est à peine suffisant pour les services actuels.

» 4° *Le traitement des évêques*. — J'ai réservé cet article pour la fin
par un sentiment de pudeur que la commission du budget du Sénat com-
prendra facilement.

» Le traitement des évêques d'Algérie est fixé, comme l'a rappelé à la
tribune M. le ministre des cultes, par une convention spéciale avec le
Saint-Siège, convention qui a force de loi, puisqu'elle a été acceptée par
les pouvoirs législatifs et ensuite promulguée par décret.

» Mais cette raison, absolument décisive, n'existât-elle même pas,
que ce serait une injustice et une anomalie de réduire le traitement des
évêques algériens, sous prétexte de faire équation, comme on l'a dit, au
chiffre du traitement des évêques de France.

» En Algérie, en effet, tous les traitements de l'État sont augmentés
d'un quart au moins, et souvent plus encore, sur les traitements similaires
de la mère patrie. C'est ce que l'on appelle le *quart colonial*.

» Fonctionnaires, magistrats, officiers, tous le reçoivent.

» Pour quel motif la Chambre veut-elle en priver les évêques ? Est-ce
parce que les misères qui s'adressent à l'évêque, dans un pays comme
l'Algérie, sont sans comparaison plus nombreuses et plus tristes que partout ailleurs ?

» Quel que fût le chiffre de leur traitement, il serait, et au delà, absorbé
par leurs aumônes.

» Est-ce parce qu'ils n'ont aucune espèce de casuel possible ?

» Je n'ajouterai qu'un mot pour faire comprendre à la commission du
Sénat ce qui a été fait vis-à-vis de nous, dans ces dernières années. Les
chiffres seront ici plus éloquents que tous les discours.

» Mon prédécesseur, Mgr Pavy, recevait comme simple évêque un
traitement annuel de 30,000 francs. Arrivé en Algérie comme archevêque,
le même traitement m'a été continué durant près de quinze années. Depuis qu'on est entré dans la voie de persécutions mesquines destinées
sans doute à désoler le clergé, on a successivement porté ce traitement
de 30,000 francs d'abord à 25,000 francs, puis à 20,000, et enfin, cette
année, la Chambre vote sa réduction à 15,000 francs.

» Il résulte de ces chiffres qu'alors qu'un simple évêque avait en Algérie
un traitement de 30,000 francs, un archevêque cardinal n'en aurait plus
aujourd'hui que 15,000.

» Mais ce n'est pas tout. Tandis que les Chambres diminuaient ainsi
son traitement, le gouvernement faisait appel à son patriotisme pour des
œuvres nouvelles. Cet archevêque, pour se rendre en Tunisie, devait
prendre à Alger un coadjuteur ; en Tunisie même, pour accomplir pleine-

le plus humble mendiant répète à la porte de vos demeures : Mes Frères, chrétiens de cette noble et généreuse France : La charité pour l'amour de Dieu !

La charité; vous savez quelle est sa récompense. Elle couvre les défaillances du passé ; elle assure les bénédictions de l'avenir. Dieu pourrait-il se laisser vaincre en générosité dans ce que vous faites à son égard? Or, c'est lui-même qui vous l'affirme : « Ce que vous faites au plus petit » d'entre vos frères, c'est à lui que vous l'au- » rez fait. » Et si cela est vrai du pauvre qui mendie, qu'est-ce donc lorsque c'est à l'Église, à Jésus-Christ même que votre aumône est destinée?

Si ce motif ne suffisait pas, pour quelques-uns, j'en ajouterais un autre qui n'est que le résumé de tout ce discours.

ment sa mission, il devait prendre un évêque auxiliaire et partager naturellement avec ces deux prélats, qui n'ont aucun moyen d'existence, le traitement de l'État.

» De sorte qu'en dernière analyse, l'archevêque d'Alger a, en 1884, pour deux archevêchés, pour son titre de cardinal, pour son coadjuteur et pour son auxiliaire, un traitement annuel de 15,000 francs, alors que, comme simple évêque, son prédécesseur en avait 30,000 ! Comment vivre seulement, dans des conditions sémblables, autrement que par la mendicité ?

» C'est en effet ce à quoi le cardinal archevêque d'Alger et de Carthage se trouve réduit. Il ne vit, lui et son clergé, qu'en sollicitant et en recevant des aumônes.

» Je m'arrête, Messieurs, car je sens qu'en m'appesantissant sur ces pensées, je laisserais déborder mon amertume. J'ai déjà eu l'occasion de le dire, il n'en est point de plus grande pour un homme qui aime sa patrie et qui a usé sa vie à son service que de voir méconnaître vis-à-vis de lui les règles de la justice.

» Veuillez agréer, Messieurs, l'expression de ma haute et respectueuse considération.

» † Charles, cardinal LAVIGERIE,
» Archevêque d'Alger et de Carthage. »

La première fois que j'ai visité, sur le sol de Carthage, le sanctuaire élevé au lieu de mort de notre saint Louis, je le trouvai entouré de mendiants arabes qui, selon l'usage du pays, sollicitaient la charité, comme je vais le faire moi-même, au nom et pour l'amour de Dieu. Mais de temps en temps, lorsqu'un Français venait à paraître, à cette formule ordinaire ils en ajoutaient une autre : La charité pour l'amour de saint Louis! Et ceux mêmes qui jusque-là restaient insensibles, s'attendrissaient au souvenir de la patrie lointaine et de ses gloires les plus pures.

Français, qui êtes venus écouter ce vieil évêque de Carthage, il fait comme les mendiants de saint Louis, et, après vous avoir dit : La charité pour l'amour de Dieu, il vous dit en terminant :

LA CHARITÉ POUR L'AMOUR DE LA FRANCE!

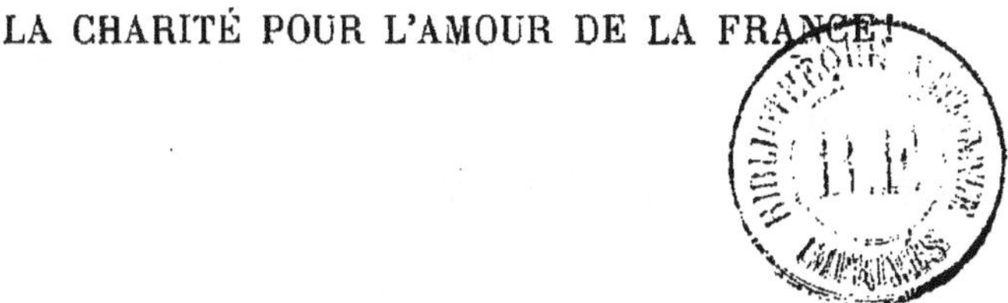

FIN

SAINT-CLOUD. — IMPRIMERIE Vᵉ EUG. BELIN ET FILS.

Cette conférence se trouve, rue du Regard, 12, à Paris, à l'Œuvre des Écoles d'Orient, chargée de concentrer les aumônes pour les œuvres de S. Em. le cardinal Lavigerie.